나는 왜 좃대가 없는가

나는 왜 좆대가 없는가

원작 **쿵야 레스토랑즈**

대원앤북

차례

Part 1
양파쿵야

- 나는야 양파쿵야 012
- 자기소개라고 쓰고 자기 자랑하기 014
- 얘네들아 미안해 016
- 나는 돈을 벌고 싶은 게 아냐 018
- 믿을 구석은 나뿐인 거야 020
- 그때 더 열심히 할 걸... 022
- 월루의 참맛 024
- 얘네들아 잘 들어 026
- 뭐든지 하겠다는 마음 028
- 혹시 등산 잘해? 030
- 껄껄껄 032
- 오늘도 무사히 034
- 갓생 프로젝트 036
- 사장으로 살기 힘들다 038
- 쿵야 레스토랑즈 최대 복지 040
- 안 되면 되는 거 해라 042
- 쓰레기의 정체 044
- 럭키쿵야의 성공 법칙 046
- 이왕 갈 거면 지름길 048
- 돈을 써도 되는 이유 050

"나처럼 줏대있게 살아"

Part 2
주먹밥쿵야

- 안녕하세용 주먹밥쿵야에용 054
- 직원의 참된 마인드 056
- 저거 또 저러네 058
- 생존의 비법 060
- 계단같은 내 인생 062
- 행복해지는 방법 064
- 돈기 부여 066
- 주쿵적 사고 068
- 돈 버는 건 중요치 않아요 070
- 주쿵이도 가끔은 지쳐용 072
- 돈돈돈 074
- 각지에서 시련 투척 076
- 행복으로 가는 길 078
- 스트레스 관리법(1) 080
- 스트레스 관리법(2) 082
- 나는 그래도 나예용 084
- 고민은 멈춰주세용 086
- 왜 때문에 088
- 어른의 조건은 뭐냐면용 090
- 쿨하게 살아용 092

훌훌 털고 일어나용

Part 3
샐러리쿵야

- Hi, 내 이름은 샐러리쿵야 — 096
- 누추한 곳에 귀한 분이 오셨어 — 098
- 샐러리쿵야 사용 설명서 — 100
- 뭐 어쩌겠어 그래도 해내야지 — 102
- Love myself — 104
- You가 제일 잘 나가 — 106
- Me의 갓생루틴 — 108
- Oh my god — 110
- 핫한 lady가 핫하게 노는 법 — 112
- 예쁜 게 착한 거잖아 — 114
- 매니저의 도리 — 116
- 날 angry하게 하지 마 — 118
- 내 마음에 들어서 네 마음에 안 들어도 돼~ — 120
- 멘탈은 self — 122
- 샐쿵에게 칭찬 듣는 방법 — 124
- 모든 건 기세야~ — 126
- 주의해 줘~ — 128
- 인생 노잼시기 극복법 — 130
- Me도 가끔은 지치거든~? — 132
- 에너지를 get하는 노하우 — 134

Part 4
무시쿵야

- 제 이름은 무시쿵야입니다   138
- 자기소개에 관한 건   140
- 쿵야 레스토랑에 취직한 이유   142
- 주말 연락은 자제 부탁드립니다   144
- 당일 회식은 사양합니다   146
- 예? 그걸 제가요?   148
- 당장 누워야 하는데 늦었습니다   150
- 무시쿵야를 찾지 마시오   152
- 초대받지 않은 손님   154
- 직장인 점심시간 유의사항   156
- 아주 가끔은 저도 밖에 나갑니다   158
- 소신발언 합니다(1)   160
- 소신발언 합니다(2)   162
- 직장인 힘든 점   164
- 직장인이 주말에 바쁜 이유   166
- 다 할 수 있습니다   168
- 친구 물론 중요합니다   170
- 사회생활은 원래 이런 건가요   172
- 출장 겸 휴가 후기(1)   174
- 출장 겸 휴가 후기(2)   176

Part 1
양파쿵야
인터뷰

Q. 성공한 CEO가 된 비결은?
 초긍정적인 마인드와 초우월한 비주얼 덕분이지

Q. 본인의 매력 포인트는?
 호수같이 깊고 맑은 눈동자에 치얼스..☆

Q. 본인의 인기를 실감하는지?
 본투비 셀럽이라 이런 대접 익숙해^^

나는야 양파쿵야

쿵야계의 No.1 정통 럭셔리 퓨전 레스토랑의 C.E.O이자 주방장인 그 양쿵이 맞냐고?

맞아 나야

나만큼 유명한 스타 양파는 처음이지?

내가 아무래도 초대박 레스토랑을 운영하고 있다 보니

이 스타 야채의 삶을 궁금해하는 얘네들이 많더라고

그래서 특별히 준비했어

바로바로... 더보기

자기소개라고 쓰고 자기 자랑하기

나 양쿵으로 말할 것 같으면

쿵야 레스토랑을 1인 레스토랑으로 시작한 능력자다 이거야

요리, 서빙, 배달, 그리고 비주얼까지

초대박적인 내가 혼자서 초완벽하게 해낸 거 아니겠어?

우선 명문(myeong moon) 요리 학교에 합격했던 이력으로

끝내주는 요리들을 만들었고

타고난 균형 감각으로 서빙도 완벽하게 해냈지

남다른 질주 본능으로 세상에서 가장 빠른 배달도 했어

무엇보다 쿵야 레스토랑이 잘될 수밖에 없었던 건

나의 이 우월한 비주얼 때문이 아니겠어? 우하하!

양주방장
요리 담당

양알바
서빙 담당

양철가방
배달 담당

양사장
비주얼 담당

얘네들아 미안해

가끔은 나도 이런 내가 별로야

그냥 남들처럼만 살면 되는 걸
너무 열심히 살아버리잖아

그러니까 얘네들이 자꾸만 날 보고
상대적 박탈감을 느끼는 거 아니겠어?
그런 부분에선 내가 미안함을 느끼고 있어

좀 자중해볼게^^

나는 돈을 벌고 싶은 게 아냐

돈을 마니 벌고 싶냐고?
그럼 열심히 일해야 하잖아

난 그냥 돈이 있었으면 좋겠어
예를 들면 100억이라던가

믿을 구석은 나뿐인 거야

세상에 믿을 놈 하나 없다 이거야

이 차갑고 거친 세상에서 믿을 수 있는 건 오직 나 하나뿐

근데 이제 지금의 내가 아니라 내일의 나인 부분

그때 더 열심히 할 걸...

옛날로 다시 돌아가면 어떻게 할 거냐는 질문 안 받아

다시 돌아가면 똑같이 하겠지 뭘 더 어떻게 하겠어

나 양파쿵야에겐 후회란 없어

월루의 참맛

솔직히 직원들 들어온 뒤로

나도 월급 루팡이란 걸 즐기고 있어

나 아니어도 이제 레스토랑은 제법 잘 돌아가잖아 참나

게다가 월급도 내가 주고 내가 받는 거니까

월급 루팡해도 내 스스로가 용서해주면 되지 않겠어?^^

얘네들아 잘 들어

칭찬만 듣기에도 모자란 시간에

객관적인 비평이나 피드백 따위 듣자고

내가 이 고된 인생 살아가는 거 아니잖아

초대단한 이 몸에게는 그에 어울리는

칭찬과 응원만 부탁할게 우하하^^

뭐든지 하겠다는 마음

마음만 있으면 되는 거 아니겠어?

심지어 마음먹는 게 세상에서 제일 어려운 일인데

내가 그걸 해냄

역시 초대박 초대단한 나

혹시 등산 잘해?

쌀 국산

김치 국산

사장님도 국산

직원도 국산

인생은 산 너머 산

그러니까 우리 같이 넘어보자고^^

껄껄껄

샐러리쿵야가 내게 그런 말을 했어

양사장은 웃을 때도 껄껄껄 웃는다구

아까 할 걸

라고 할 때 진짜 할 걸

라고 할 때 진짜 정말 할 걸

내가 맨날 걸걸걸 거리니까 진절머리가 나나 봐

하지만 어쩌겠어

할 일은 미뤄줘야 제맛인걸

오늘도 무사히

아무 일도 일어나지 않았다는 건
오늘도 무사히 지냈다는 거 아니겠어?
오늘도 무사히 아무것도 안 해서 초다행이다
좋은데?

갓생 프로젝트

불규칙한 생활을 규칙적으로

안 꾸준함을 꾸준하게

게으름을 부지런하게

충동적 행동을 계획적으로

갓생 별거 아냐

너도 할 수 있어

우하하!

사장으로 살기 힘들다

주쿵이 얘가 지금 뭐라는 거야

출근 안 하려고 무슨 수작을 부리는 거야???

쿵야 레스토랑즈 최대 복지

눈 올 때 눈싸움하러 나갈 수 있음

눈싸움할 때 사장한테 던져도 됨

(근데 진짜 던질 건 아니지?)

안 되면 되는 거 해라

얘네들아
나처럼 초성공한 쿵야가 되고 싶다면 딱 들어봐

안 되면 되는 거 해
되는 게 없으면 되는 거만 해
그러다 정 할 게 없으면 하고 싶은 거 해

쓰레기의 정체

할 일이 쌓였을 땐 쓰레기통에 넣어둬

쓰레기통엔 할 일이 넘칠 거고

그 할 일은 쓰레기가 되어

나에게 말을 걸어올 거야

적당히 하라고

그런데 문득 이런 생각이 떠올랐지 뭐야?

내일의 내가 알아서 하겠지

럭키쿵야의 성공 법칙

인생은 운칠기삼이라잖아

운이 7 기세가 3

행운이 나에게 올 거라는 사실을 의심하지 마

이왕 갈 거면 지름길

남들이 말해주는 길보다
내가 찾는 길이 진짜 대박 아니겠어?

인생은 원래 스스로 개척하는 거니까

남들이 가지 말라고 해도
내가 가고 싶은 길이면 가는 거야
그래야 초대박이 나는 거야 나처럼
우하하^^

돈을 써도 되는 이유

1. 돈을 모으는 이유 = 돈을 쓰기 위해
2. 돈을 안 모으는 이유 = 돈을 쓰기 위해
3. 결국 모으나 안 모으나 돈을 쓰게 됨

어차피 나갈 돈이라면 마음 편히 나한테 쓰자

그게 맞다

Part 2
주먹밥쿵야
인터뷰

Q. 프로 일잘러가 되는 비법은?
　어차피 결국 내가 다 하게 된다고 생각하세용

Q. 본인의 매력 포인트는?
　저는 귀여워용

Q. 꿈은?
　적게 일하고 많이 버는 거예용

※ 본 글에는 주먹밥콩야 캐릭터의 말투 특성상 '~용' 등의 표현이 다수 사용되었습니다. 이는 캐릭터의 개성을 살리기 위한 의도된 표현이며, 표준어와 다를 수 있음을 미리 안내드립니다.

안녕하세용 주먹밥쿵야예용

쿵야 레스토랑의 귀염둥이 알바생 인사드릴게용
저를 소개하자면용,
살면서 안 해본 알바가 없는 알바 마스터랍니당
쿵야 레스토랑에서 오픈, 재료 준비와 손질, 요리,
고객 응대, 서빙, 설거지, 청소, 배달, 계산, 마감,
사장님 멘탈 케어, 매니저 누나 보조… 그 외 125가지의
업무를 맡고 있는 멀티플레이어 알바생이에용
가끔 실수도 하긴 하지만 제가 귀여우면 됐지
뭘 더 바라실까용?

귀여운 알바 마스터 저 주쿵이의 소소한 사회생활
노하우를 전수받고 싶다면 바로 따라오세용

직원의 참된 마인드

사장님이 뭘 하겠다고 나서면용

전부 나의 일이라고 미리 생각하면 마음이 편해용

어차피 나중에 내가 다 하게 될 거니까용

진작부터 마음을 먹고 있으면 나중에 덜 당황스러워용

그리고 일을 할 때는용

열심히 하세용

근데 너무 잘하지는 마세용

직원이 일을 너무 잘하면 어떻게 되는지 아세용?

그냥 일을 많이 하는 직원이 돼용

저거 또 저러네

제가 알바계의 전설로 살아남을 수 있었던 건용
갈고 닦은 강인한 멘탈 덕분이었어용

누가 날 상처 주려고 해도
내가 상처 안 받으면 그만이에용
누가 날 힘들게 해도
내가 안 힘들면 그만이에용

그러려니 하세용
저거 또 저러네
하면서용

생존의 비법

강한 자가 살아남는 게 아니고

살아남는 자가 강한 자래용

저는 얼떨결에 강한 자가 됐네용

매일같이 치열하게 산 덕분이죵

출근하면 매일이 전쟁이에용

양사장님이 미뤄놓은 일

양사장님이 벌여놓은 일

양사장님이 뭉개놓은 일

전부 다 제 할 일이니까용

계단같은 내 인생

인생은 끝없이

이어지는 계단과 같아용

보기엔 높아 보이지만

한 계단 한 계단 올라가다 보면

역시나 한계에 도달해용

그럴 땐 그냥 내려가는 것도 방법이에용

행복해지는 방법

생각 없이 산다는 건 어떤 기분일까용?
양사장님은 항상 행복해 보이긴 해용

행복해지려면 생각을 좀 덜 하는 것도 방법이겠네용

앗, 그렇다고 해서
양사장님이 생각 없다고 말하려던 건 아니었어용

돈기 부여

직장인에게 최고의 동기 부여는 머니머니해도 돈이쥼

성장? 배움? 동료? 보람?

다 좋지만 돈기 부여만한 게 없네용

주쿵적 사고

제가 남들에겐 어떨지 몰라도용

제 스스로에겐 관대한 편이에용

그래야 사는 게 좀 편해져용

그렇지 않나용?

돈 버는 건 중요치 않아용

날 괴롭게 하는 일이 있나용?

그 일 때문에 너무 힘드시다고용?

사사로운 일에 감정을 쏟지 말아용

혹시 그 일이 떼돈 버는 일과 관련이 있나용?

그게 아니라면 대수롭지 않게 생각해용

떼돈 버는 일도 아닌데

에너지 쓰고 시간 쓰지 말아용

행복하세용

주쿵이도 가끔은 지쳐용

알바 마스터 주쿵이도 가끔은 지칠 때가 있어용

그건 바로 샐러리쿵야의 열정이 과다할 때죵

아무도 그녀를 막을 수가 없네용

하지만 어쩌겠어용

하라면 해야죵

돈돈돈

돈돈돈거려서

미안하지만

새겨들으세용

돈이 전부는 아니지만 그만한 게 없어용

각지에서 시련 투척

시련은 시도 때도 없이 찾아와용
미리 준비할 틈도 없이
갑자기 찾아와서 당황스럽죵
할 수 있는 거라곤
견디기, 버티기, 그리고 참기뿐이죵

별다른 수 있나용
참을 수 없다면 피해야죵
피할 수 없다면 참아야죵
인생은 원래 그래용

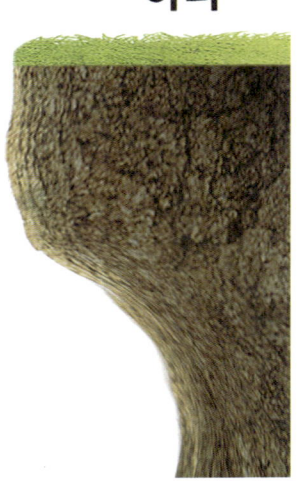

행복
하다

출근

행복으로 가는 길

행복해지려면 무언가를 포기할 줄도 알아야 해용

그것이 진정한 어른이 되는 길이죵

여러분은 무엇을 포기할 수 있나용?

스트레스 관리법(1)

사회생활 하다 보면 스트레스받는 일이 많죵

그럴 때마다 일일이 화낼 수도 없고 힘들죵

스트레스를 풀 수 있는

나만의 비밀스러운 취미 생활을 찾아보세용

저는 이미 찾았답니당

스트레스 관리법(2)

일일이 열 내고 그러지 말아용

생각할수록 열받는다는 건

생각하지 않으면 괜찮아진다는 뜻이기도 해용

깊게 숨 한번 쉬고

잠이나 푹 자보세용

지나고 보면 별일도 아닐 거예용

그러니까 오늘도 잘자용

나는 그래도 나예용

단단하게 보여도 나예용

물렁하게 보여도 나예용

남들에게 어떻게 보이든 상관없이

나는 있는 그대로 나예용

나는 변함없이 나예용

고민은 멈춰주세용

의외로 많은 걱정들이 쓸데없는 것들이에용

잘 생각해보면용

내가 고민했던 건 대체로

실제로 벌어진 일에 비해 많이 컸어용

지금 하고 있는 그 고민도 그럴 거예용

실제로 벌어진 사건의 크기

그에 대한 고민의 크기

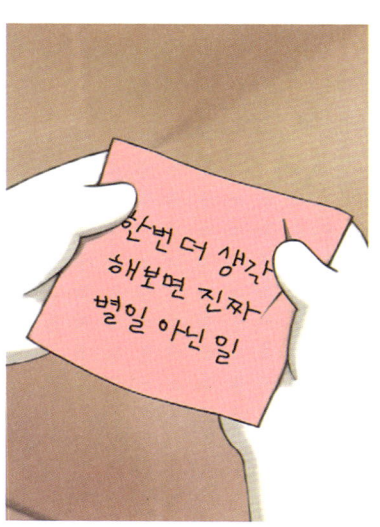

왜 때문에

왜 때문에 왜 제가 여기에

왜 때문에 왜 제가 이런 걸

왜 때문에 왜 제가 지금

왜 때문에 왜 쟤는 도대체...

귀여운 저에게 세상은 대체 왜 이러는 걸까용

어른의 조건은 뭐냐면용

하기 싫어도 해야 하는 일이라면 해낼 줄 알아야 해용
때로는 진짜 감정을 숨기고 억지웃음을 지을 줄 알아야 해용
내 고집을 내려놓고 상대방에게 맞춰줄 줄도 알아야 해용
이 모든 것은 결국
저를 위한 일이기도 하답니당

그래야 빨리 퇴근할 수 있거든용

쿨하게 살아용

성공한 사회인이 되려면 쿨해질 줄 알아야 해용

지나간 일엔 후회하지 말고

떠나온 곳엔 미련을 두지 않아야 하죵

무언가를 뒤돌아볼 시간에 앞으로 나아갈 길을

살펴보는 것이 훨씬 쿨하고 멋지니까용

그래서 전 퇴근도 쿨하게 해용

Part 3
샐러리쿵야
인터뷰

Q. 시기와 질투를 이겨내는 방법은?
굳이 win 할 필요가 있나~? 이미 me가 win했잖아~

Q. 본인의 매력 포인트는?
Smart, pretty, young&rich... 하나만 골라야 해~?

Q. 팬들에게 한마디
Perfect한 me를 보고 기죽지 마~

※ 본 글에는 셀러리쿵야 캐릭터의 알투 특성상 영어 표현이 다수 포함되어 있습니다. 이는 캐릭터의 개성을 살리기 위한 의도된 표현이며, 표준어와 다를 수 있음을 미리 안내드립니다.

Hi, 내 이름은 샐러리쿵야

가장 pretty한 쿵야를 찾는다고 들었는데 잘 왔어

그게 바로 me야 예쁘기만 하냐고~?

다섯 가지 메뉴 금액을 합산하는 데 5 minutes 밖에

걸리지 않는 쿵야 레스토랑의 특급 brain 매니저이면서

young & rich & pretty 걸이지

사람들은 이런 smart하고 perfect한 나를 시기하고 질투해

But, 나는 그런 시선을 funny하게 joy하고 있어

원래 princess들은 왕관의 무게를 견디는 법이니까 훗

요즘 따라 걸크러시 일잘러 커리어 우먼인 나를

very 따라 하고 싶어 하는 얘네들이 많더라고~

특별히 you에게만 알려줄게 팔로팔로미~

누추한 곳에 귀한 분이 오셨어

Me가 쿵야 레스토랑에서 매니저로 work하고 있다는 걸 놀라워하는 얘네들이 많더군
하긴, me의 능력을 담기엔 이곳이 좀 스몰하긴 하지 훗

Me처럼 퍼펙트한 인재가 왜 이런 곳에 있냐고?

전부 talk하자면 너무 길어서 심플하게 talk할게

너무 hard work 하는 것에 질렸다고나 할까?

사실 난 success 쿵야였거든~

이곳의 직원들에겐 나 같은 pro가 꼭 필요해

내가 이곳에서 봉사? 비슷한 걸 한다고 think해 줘~

샐러리쿵야 사용 설명서

Me를 다루기란 여간 hard한 일이 아니겠지

아무래도 이런 스마트하고 퍼펙트한 매니저를

상대한다는 건 쉽지 않을 테니까~

Understand하는 부분이야~!

그래도 me와 스무스하게 work하려면

Think를 많이 하는 것을 조언할게

그게 좋겠다~

뭐 어쩌겠어 그래도 해내야지

Me가 success한 사회인이 될 수 있었던 건

스스로를 믿고 just do it 하는 습관이 있었기 때문이야

다들 너무 쓸데없는 think가 많아

그런 건 전부 쓸모없더라고

Just do it

그게 me의 success 비법이야~

메모해 둬~!

Love myself

가끔 얘네들이 잊고 사는 것 같아

Love myself가 가장 중요하단 사실을 말이야

남들에게 love를 아무리 많이 받아도

Love myself가 되지 않는다면 무슨 소용이겠어~?

Me의 마음에 안 드는 부분까지 love myself 할 줄 아는

너그러운 얘네들이 되기를 조언할게~

You가 제일 잘 나가

얘네들아 너네 가끔 남을 보면 너보다 잘 나가는 거 같고

괜히 비교하면서 속상해하고 그러나 본데~

그럴 필요 없어~

그럴 땐 거울 앞에 당당하게 스탠드업 해봐

그리고 거울 앞의 걔에게 talk해 줘

You 뭐 돼

Never 기죽지마

You가 제일 잘 나가

Me의 갓생루틴

Perfect한 능력을 타고났음에도 아무 일도 하지 않는 건

이 세상에 죄를 짓는 것 아닐까~?

24시간이 모자랄 듯 나의 능력을 use하는 것이

세상을 돕는 일이지

데이는 물론 나이트까지 꽉 채워서

세상에 큰 help가 되는 얘네들이 되기를 조언할게~

Me처럼 말이지

휴먼들은 이걸 갓생이라고 하던데

Me에겐 너무 익숙한 루틴이라~ 훗

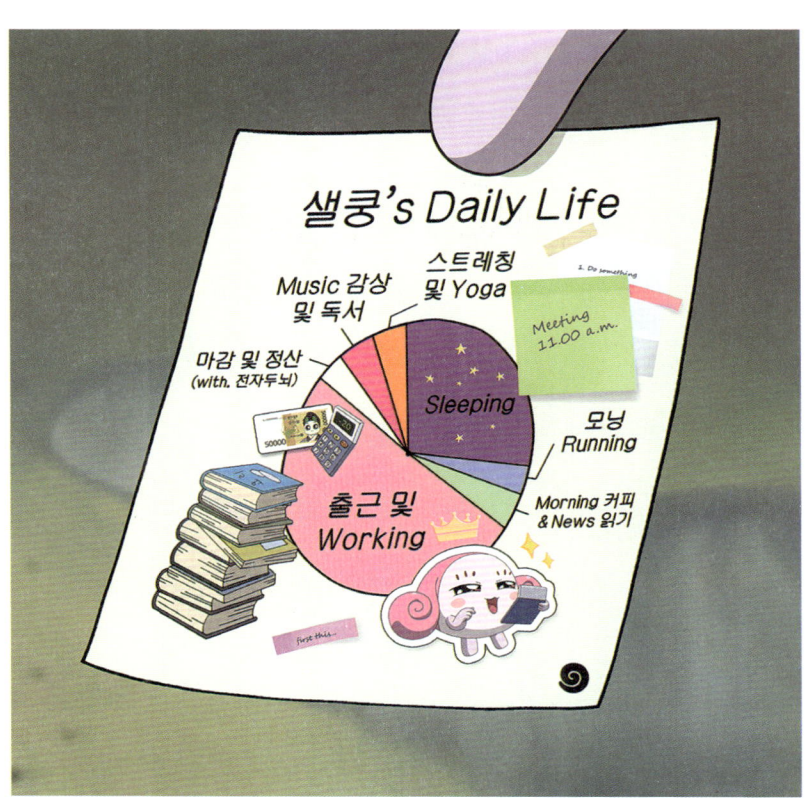

Oh my god

Me는 어쩜 이리 beautiful하지~?

그래서 가끔 다른 people이 걱정돼

Me를 보고 자신감을 잃으면 어쩌지~?

그런 일은 never 없기를 기도할게~

핫한 lady가 핫하게 노는 법

Work는 hard하게

Play는 hot하게

Me처럼 화끈한 success 쿵야들은

이렇게 살아~

놀 땐 뜨겁게 play하고

일할 땐 차갑게 work해야지~

안 그래~?

예쁜 게 착한 거잖아

사람들이 좀 오해를 하더라고~

Job 특성상 직원 관리 할 일이 좀 있어서 그렇지

Me? 사실 착해

예쁜 게 착한 거잖아

미모로 judge해 줘

매니저의 도리

나태하게 work하는 쿵야를 감시하고
설렁설렁 work하는 쿵야를 압박하고
랭자랭자 play하는 쿵야를 질책하며
직원 관리하는 것이 매니저의 도리야~

주로 문제를 일으키는 범인이 양사장인 건 유감인 부분~
하지만 me는 매니저의 도리를 다하는
blood도 tears도 없는 쿵야
조심하라고~

날 angry하게 하지 마

Me를 angry하게 한다면

다음과 같이 네 가지 face를 볼 수 있을 거야~

조심해~

뭐가 제일 angry한 것 같냐고?

그건 you가 판단해 봐

내 마음에 들어서 네 마음에 안 들어도 돼~

Me는 항상 cool한 결정만 내리는 퍼펙트한 인재

Me의 마음에만 든다면

you의 소소한 의견은 궁금하지 않아

멘탈은 self

가끔 me의 냉철하고 날카로운 지적? 의견? 생각?

다소 살벌하다는 소문을 들었어

주쿵이가 겁에 질려 tears를 흘렸다고도 들었는데~

미안하지만 차가운 사회에서 살아남으려면

멘탈은 self로 챙기는 걸 조언해~

샐쿵에게 칭찬 듣는 방법

따뜻한 말 듣고 싶으면

you가 work를 잘하면 될 일~

쉽지 않니?

모든 건 기세야~

가끔 라이프가 외롭고 어렵게 느껴질 땐

딱 하나만 떠올려~

Everything은 기세야

Just do it 하는 심정으로 도전하는 기세

Pro 쿵야의 조언 새겨들어

주의해 줘~

생사가 걸린 problem이 아니고서는

웬만하면 말 걸지 않았으면 해~

Me의 소중한 time을 쓸데없는 talk로

낭비하고 싶지 않거든

(사장이라도 예외는 no~)

인생 노잼시기 극복법

인생 노잼시기가 찾아왔다고~?

Play할 생각만 하니까 그렇지

Work를 crazy하게 좀 해봐

시간이 많으니까 인생이 no jam인 거야~

You는 스스로에게 채찍질을 좀 해야 해

Me를 보면서 자극 좀 받아~

Me도 가끔은 지치거든~?

아무리 perfect한 워커홀릭일지라도

가끔 work가 hard할 때가 있어

그럴 땐 가만히 bed에 누워 충전할 시간이 필요해

매일 perfect한 날을 보내는 건 아니야

Me도 가끔은 지칠 때가 있어

그러니까 you도 지칠 땐 좀 쉬어줘~

하지만 tomorrow는 다시 일해야 한다는 거

Don't Forget~!

에너지를 get하는 노하우

라이프는 lonely하고 다른 휴먼들이

내 mind와 같지 않을 때,

지치고 힘들 때, energy는 바닥났을 때...

함께 work하는 동료들이 어느새

me의 friend가 되었다는 사실을 떠올리면

에너지가 생기더라~?

하여튼 희한해~

하여튼 특이해~

하여튼 웃겨~

Part 4
무시쿵야
인터뷰

Q. **퇴근하고 일과는?**
　보통은 열심히 눕는 편입니다

Q. **본인의 매력 포인트는?**
　선을 잘 지키는 편입니다

Q. **인생에서 가장 중요한 가치는?**
　칼퇴입니다

제 이름은 무시쿵야입니다

제가 혼자서도 잘 먹고 잘 사는 비법이

궁금하시다고 들었습니다

…

그건 내일 알려드리겠습니다

지금은 제가 퇴근해서

자기소개에 관한 건

외출 없을 무(無)

돈 없을 무(無)

안녕하세요

무시쿵야입니다

저는 외출도 없고 돈도 없습니다

재미도 없고 어이도 없습니다

근데 직장은 있습니다

재미 없을 무(無)

어이 없을 무(無)

쿵야 레스토랑에 취직한 이유

제가 쿵야 레스토랑에 취직한 이유에 대해 말씀드리겠습니다

새참을 먹으러 우연히 들른 쿵야 레스토랑에서

말도 안 되는 버거를 맛보고 충격을 받았습니다

알 수 없는 철학과 당당함이 느껴져 호기심이 생겼습니다

추신

가끔 동료들 때문에 퇴사 욕구가 샘솟을 때도 있지만

아직은 다닐 만합니다

주말 연락은 자제 부탁드립니다

제곧내

※ 제곧내 : '제목이 곧 내용'이라는 뜻

당일 회식은 사양합니다

금일 갑작스러운 회식이 있다는 내용을 공유받았습니다

내부 확인 결과,

당일 통보된 회식은 반려,

퇴근하는 것으로 결정되었습니다

양해 부탁드립니다

예? 그걸 제가요?

예? 지금요?

예? 오늘까지 끝내야 한다고요?

그런데 나더러 어쩌라고요?

퇴근 시간이 10분 남았습니다

당장 누워야 하는데 늦었습니다

퇴근은 칼같이 하더라도 당장 눕기엔 많이 늦습니다

그러니 서둘러야 합니다

무시쿵야를 찾지 마시오

회사에서 제 이름이 안 불렸으면 좋겠습니다

제 일만 하기에도 칼퇴하기에는 많이 벅찹니다

불필요한 일로 부르지 말아 주시기를 당부드립니다

초대받지 않은 손님

매일 아침 누군가 찾아옵니다

평화로운 아침을 망치러 온 불청객

그의 이름은 출근

문을 잠가 버릴까 봅니다

직장인 점심시간 유의사항

지금 휴식 중이니

말 걸지 말아주시길 바랍니다

제 점심시간은 제가 알아서 사용하겠습니다

아주 가끔은 저도 밖에 나갑니다

다들 제가 집에만 있는 줄
오해하시는 것 같은데
가끔은 저도 밖에 나갑니다

근데 왜 침대에 있냐고요?
그게 오늘이라고는 안 했습니다

소신발언 합니다(1)

사장님이 아무리 업무태만이 잦다고 하지만 그래도 사
장님입니다. 전단지 게시한 분 누구신가요? 엄연한 사장
님인데 응원해 주지 못할망정 어떻게 직원이 사장을
팝니다- 라며 매도하고 모욕할 수 있겠습
니까? 저는 사장님을 응원합니
다. 한 번 사장님은 영원한 사장님. 양파쿵야 사장님 사랑합니다

소신발언 합니다(2)

사장님은 어떤 분이냐면, 정말 대단하신 분입니다. 저희 사
장님께서는 항상 신메뉴를 개발하는 데 몰두하십니다. 사장
님께서는 바쁜 와중에도 직원들을
제일로 챙기시느라 신메뉴도 가장 먼저 맛보게 해주십니다. 개
발하는 데에 힘도 노력도 많이 드는데, 사장님은 어떻게
그런 에너지가 나오는지 모르겠습니다. 이번에
만드신 신메뉴도 정말 기대가 됩니다

직장인 힘든 점

몰라도 아는 척해야 합니다

알아도 모른 척해야 합니다

못해도 잘하는 척해야 합니다

잘해도 못하는 척해야 합니다

직장인이 주말에 바쁜 이유

직장인은 주말에 아무것도 안 합니다

그렇지만 매우 바쁩니다

아무것도 안 함을 해야 해서 매우 바쁩니다

그런 의미에서 리마인드 드립니다

주말 연락 자제 부탁드립니다

다 할 수 있습니다

할 수 없다는 생각으로는 아무것도 할 수 없습니다
할 수 있다고 생각해야 무엇이든 할 수 있습니다
뭐든지 다 할 수 있습니다
시켜만 주시면 뭐든지 하겠습니다
다만
지금 당장 할 수 있다는 뜻은 아니었습니다

친구 물론 중요합니다

저도 친구와 고민을 나누기도 하고

친구와 여가를 함께 보내기도 합니다

친구가 있다는 것은 정말 다행입니다

당연히 저에게도 친구가 있습니다

하지만 가끔은 혼자만의 시간을 보내는 것도 좋은 충전이 됩니다

예? 가끔이 아니고 맨날인 것 같다구요?

사회생활은 원래 이런 건가요

갑작스러운 회식은 그렇다 쳐도
갑작스러운 휴가는 당황스럽습니다

이번엔 다 함께 휴가를 가자고 하네요
동료들과 함께하는 휴가란 업무의 연장선 아닌가요

제 휴가를 왜 거기에...

출장 겸 휴가 후기(1)

어딜 가도 양사장님 목소리만 들립니다

목청도 큰데 말도 제일 많은 것 같습니다

저는 무시하는 게 익숙한데도

양사장님의 목소리는 무시하기가 힘듭니다

양사장님 조금만 조용히 해줬으면…

출장 겸 휴가 후기(2)

누군가 본인의 노래 실력은 가수 못지않다고 했습니다만

안타깝지만 제가 직접 확인해 본 결과

귀에서 피가 날뻔했습니다

이 또한 무시하기가 쉽지 않아

결국 귀를 막을 수밖에 없었습니다

추신

그런데 이상하게도 그 엉망진창인 노래가

머릿속에서 떠나질 않는군요

저도 모르게 흥얼거리는 게...

참 이상합니다

" 줏대는 뽕 하고 그냥 생기지 않는 거야.
자기 마음 한 번 쯤은 믿어 보는 용기, 그게 필요한 게 아니겠어? "

― 양파콩야 ―

나는 왜 조대가 없는가

2025년 8월 5일 1판 1쇄 인쇄
2025년 8월 15일 1판 1쇄 발행

글·그림 쿵야 레스토랑즈
발행인 황민호
캐릭터비즈사업본부장 석인수
디자인 루기룸
발행처 대원씨아이㈜ www.dwci.co.kr
주소 서울특별시 용산구 한강대로 15길 9-12
전화 영업 02-2071-2066 / 편집 02-2071-2155
팩스 02-794-7771
1992년 5월 11일 등록 제3-563호

979-11-423-1398-1 03810

ⓒky_restaurantz

● 이 작품은 저작권법에 의해 보호를 받으며 본사의 허가 없이 복제 및 스캔 등을 이용한 무단 전재 및 유포·공유의 행위를 할 경우 그에 상응하는 법적 제재를 받게 됨을 알려드립니다.
● 잘못 만들어진 책은 구입하신 곳에서 교환해 드립니다.